AF599854

RAMIRO FACAL

LOAS, LOCURAS Y LUGARES

RAMIRO FACAL

LOAS, LOCURAS Y LUGARES

HUERGA & FIERRO editores

Diseño de Colección: Huerga y Fierro

Primera edición: 2024

C/Sebastián Herrera, 9
28012 Madrid-España
Telf.: 91 467 63 61
www.huergayfierro.com
huerga@huergayfierro.com

I.S.B.N.: 978-84-128322-4-2
Depósito Legal: M-8305-2024
Impreso en Romadac Industria del Libro
Impreso en España/Printed and made in Spain

LOAS, LOCURAS Y LUGARES

Loas

La tala

Hoy estuve por el monte
viendo cortar la madera
y el rugir de motosierra
taladraba el horizonte.

Y en mi hombro oí llorar
los hados de la foresta,
que, con tono de protesta,
no dejaban de implorar.

Contemplo a esos gigantes
inclinarse, lentamente,
mientras que grabo en mi mente,
sus piruetas de danzantes.

Luego aceleran y azotan
el suelo con tal vigor,
que explicarlo da temor
y las almas se alborotan.

Diez o más lustros volaban
en cada golpe de sierra,
llevando de cielo a tierra
a los que se asesinaban.

Las motosierras seguían
con su lúgubre canción,
mientras de mi corazón
hilos de sangre salían.

Por momentos arreciaban
los sonidos y temblores,
dando paso a los colores
del cielo que despejaban.

El espíritu del hombre
lo mueve sabe Dios qué,
¿Por qué es tan cruel? No lo sé.
Ya no hay nada que me asombre.

Se obnubila la razón,
contemplando el cementerio
de troncos, cuyo criterio,
no sale del corazón.

A veces hay que tomar
decisiones dolorosas
y sientes las mismas cosas,
aunque lo hayas de mandar.

La naturaleza lucha,
se defiende a su manera,
se aletarga y así espera
hasta que al hombre no escucha.

Y se reinicia el proceso
de la recuperación,
en silencio y con tesón,
pone en marcha su regreso.

Hombre, peligro constante,
afirmo y no me confundo,
para dominar el mundo
un cerebro no es bastante.

El bosque a plena luna

En el bosque, en la espesura,
el zorro busca su cena,
sus orejas, como antena,
no detectan vida alguna.

Con los instintos alerta,
escucha, mira y ventea,
si algo solo se menea,
se convierte en presa cierta.

Un conejo el aire olía,
su cuerpo en la madriguera,
con nariz y orejas fuera,
dudando a ver si salía.

El zorro quieto quedó,
con un pie aún suspendido,
concentrado en el ruido
que hasta su oído llegó.

Nada en él se movía,
presta toda su atención
al latir de un corazón,
que aunque lejano, existía.

El gazapo se asomó,
retrocediendo al instante,
provocando al vigilante,
pero al zorro no engañó.

Entre cazador y presa
la pelea continuó
y el gazapo, al fin, salió,
buscándo una buena mesa.

De un salto el zorro tapó
la entrada a la madriguera,
como si este lo supiera,
hacia otra entrada corrió.

La naturaleza que es
sorprendente y caprichosa,
libra al débil de la fosa
y al fuerte da un gran revés.

Y vino una nube obscura
que luna y cielo ocultó
y la obscuridad cayó
sobre el bosque y la espesura.

Detrás de un gran matorral,
ojos de otro cazador,
emiten un resplandor
que presagia otro final.

Lobo y zorro, frente a frente,
trazan su mejor opción,
uno busca salvación
y el otro cenar caliente.

El cortejo del jilguero

En el alto de un laurel
abre un jilguero el cortejo,
su cuerpo usa de cimbel
y con trinos como miel,
a ella invita al festejo.

La contempla y trina suave
pero después se relanza,
pues canta bien y lo sabe,
espera que sea la clave
para ganar su confianza.

Ella mira embelesada
y con un suave aleteo,
pide ser agasajada,
busca una rama alejada
y dan su primer paseo.

El canta y ella contesta
acicalándose el ala,
mientras llega una respuesta
a la atrevida propuesta,
que en forma, fue presentada.

El fuego prendió la mecha
de una hoguera de ilusiones,
Cupido lanzó la flecha,
con sentimientos y fecha,
les cosió los corazones.

La vida se abre camino
contra el viento y la marea,
contra el hombre y el felino,
o algún halcón peregrino,
que en cazarlos, se recrea.

La emigración de Siria

Se esparcen sin dirección,
como semillas al viento,
en busca de protección
contra el odio e incomprensión,
que les corroe por dentro.

En su patria no los quieren
y en las ajenas tampoco,
o caminan o se mueren,
no hay reto que no superen
ni voz que aplaque su enojo.

Son muchos, pero son pocos,
son astros de un firmamento
donde vagan como locos
y han de comerse los mocos
como su único sustento.

Y los hermanos pudientes
no hacemos nada por ellos,
ni siquiera les consientes
que al alba, laven sus dientes,
sin apretarles los cuellos.

Un pueblo ya devastado
por el hambre, sed y guerra,
también ahora expoliado
por Asad y su aliado,
que a bombazos los entierra.

Y occidente no hace nada,
mirar y vender, estimo,
por un arma aun no probada,
les regala una granada
y una bomba de racimo.

Y el dictador ahí sigue,
campando por sus respetos,
a los niños los persigue,
y de esta forma consigue
mantener los padres quietos.

El mar se sigue tragando
las vidas, por centenares,
de seres que están buscando,
un sitio para ir dejando
el saco de sus pesares.

Si las guerras acabamos,
puede que los que hoy se exilan
mañana no los veamos
y tal vez así logramos
que no hay otro caso Eylan.

¿Qué pueden hacer Dios mío?
Aparte de irse contigo,
si tras vadear el rio,
hambrientos, muertos de frío,
no encuentran ni un solo amigo.

A la luna

Se pavonea la luna
sobre el negro-azul del mar
y su luz, como una cuna,
se mece sin descansar.

Dibuja raras figuras
sobre el agua en movimiento,
como extrañas criaturas,
en busca de su alimento.

Reluce muy orgullosa,
cada vez a más altura,
como una mujer hermosa,
muy distante, muy segura.

Tan solo al alba le teme
porque ella nos trae el sol
y por miedo a que le queme,
se apaga como un farol.

En las noches veraniegas,
reflejada en sus cristales,
al Mediterráneo anega
con sus brillos ancestrales.

De noche eres una diosa
y a la noche das templanza,
para el ladrón, mala cosa,
para el amante, esperanza.

En el llano y la montaña,
en el mar y en el desierto,
siempre eres buena compaña,
estés dormido o despierto.

Como tú sabes de mí
toda mi vida al completo,
te pido ahora y aquí,
que me guardes el secreto.

Porque tú eres mi alegría,
compañera y confidente
y me diste compañía
en mis noches al relente.

Para el amante eres pura
y a sus sueños das arranque,
con la gracia y hermosura
que el cisne le da al estanque.

Gracias lunita, lunera,
de amantes la consentida,
gracias mi fiel consejera,
cada mes, toda mi vida.

Al sufrido pueblo ecuatoriano

Los cielos se han enojado
con el pueblo de Ecuador,
duro lo ha castigado,
sin compasión le ha mandado
a un asesino temblor.

Desde el fondo de la tierra
asoma el brazo asesino,
provisto de una gran sierra
y con el rencor que encierra
cambia a todos su destino.

Claro, con los que se lleva,
arcano, con los que deja,
amenaza al que se atreva,
con la sacudida nueva
que remata al que se queja.

Hermanos de Pedernales,
de Esmeraldas o de Quito,
las bellezas naturales,
pueden mitigar los males
de ese seísmo maldito.

Al acercarse la noche,
baja su mazo infinito
y golpea con derroche,
sin que mediara un reproche
para acallar tanto grito.

Ahora es cuando sientes,
cuan solo puedes estar
ante fuerzas tan ingentes,
así que aprieta los dientes
y no pares de implorar.

Os tengo en mi pensamiento
hermanos de la otra orilla
y os envío un sentimiento,
que cabalgando en el viento
se pose en vuestra mejilla.

Por todos los que se han ido,
yo rezaré y rezaré
y por los que lo han sufrido,
de mi alma saldrá un bramido,
que hasta al cielo asombraré.

Mi fe, hasta hoy muy fuerte,
se empieza a debilitar
al contemplar tanta muerte,
no sé si tienen más suerte
los que se van a quedar.

Sin casa y seres queridos,
todo se fía a la suerte
y aunque sean socorridos,
los hechos acaecidos,
solo los borra la muerte.

Y además, quién garantiza
que el de la sierra y el mazo
de nuevo no les atiza,
la herida no cicatriza
y puede asomar el brazo.

A todo el pueblo de Ecuador, victimas y hermanos.

Aleteos de muerte

Hoy la muerte está rondando
la playa de El Tarajal,
el timonel vigilando
y su carga preparando,
como el arenque en timbal.

De cinco en fondo, en babor,
los empieza a almacenar,
y otros tantos a estribor,
del mismo peso, mejor,
para bien equilibrar.

Continua su labor,
partiendo de las amuras
y centrado, un corredor,
que permita ver mejor
y echar lastre, si le apuras

Bien sujeta a las bancadas
toda esa macabra carga,
para evitar espantadas,
que estas, las inesperadas,
son la fruta más amarga.

Un prolongado silbido
rasga el velo de la noche
y de un miedo contenido,
del motor sale un rugido,
que pone a la espera broche.

Ningún rostro se volvía
y por su seria semblanza
una lágrima corría,
que al caer se fundiría,
con el mar de su esperanza.

Es la noche en alta mar
la soledad encarnada,
pues te cansas de intentar
a todas partes mirar
y no consigues ver nada.

Sin luz y un movimiento
que no puedes prevenir,
es tal tu remordimiento,
que harías un juramento,
imposible de cumplir.

Lo de a dentro, sale fuera
y lo de fuera entra dentro,
como si sacar quisiera
todo lo que dentro hubiera,
en este primer encuentro.

El timonel, concentrado,
pensando solo en llegar,
entra la ola de costado,
para evitar un volcado
que le haría naufragar.

A la vara del timón,
sus brazos bien agarrados,
insuflan al corazón
de esa gente, la ilusión,
de objetivos ya alcanzados.

Tras horas de sacudidas
y ver cerca la guadaña,
Neptuno deja sus vidas,
de fino hilo suspendidas,
calmando a la alimaña.

La inmensa fuerza del mar
y la de la noche unida,
te conmina a no mirar,
si consigues despertar
eres un alma elegida.

Montado en alas del viento,
cruza, de agua, montañas,
que quieren robar tu aliento
y en un navajazo incruento,
sacar fuera tus entrañas.

Con la mirada extraviada
y los dedos, como garfios,
tarazando la bancada,
esperan la madrugada,
con un suspiro en los labios.

La muerte revoletea
a cada golpe de mar
y orgullosa se pasea,
dejando su olor a brea,
eligiendo a quien llevar.

Como águila, va bajando,
sigilosa y con gran calma,
toca suelo y en alzando,
algo vivo va colgado
y en este caso, es un alma.

Con las cenefas de espuma,
tejen tapiz a la aurora,
que al poco tiempo se esfuma
detrás del telón de bruma,
donde su deseo, mora.

A estos bravos luchadores
el mar les da su medalla,
como premio a sus dolores,
le muestra los mil colores
de un bello trozo de playa.

Para los que no han llegado,
guardan en su corazón
un recuerdo emocionado,
compañeros que han sembrado
en las aguas, su ilusión.

El trabajo

Hoy ha pasado el trabajo
de castigo a lotería
y esto no es aprensión mía,
pero es raro del carajo.

El paro ha hecho pedazos
lo que antes se conocía,
pues con la tecnología
no hacen falta tantos brazos.

Siempre buscando ahorrar,
se exige al hombre que invente
y eche al paro a mucha gente,
que hemos de subvencionar.

Para pagar al parado
el Gobierno ha de emitir
tasas, a repercutir,
a un pagador, ya cabreado.

Todo robot, algún día,
parará a su inventor,
porque hoy ese señor
ya le dio cuanto sabía.

Cada invento es un parado,
cada parado un dolor
y aún así damos honor
al inventor, inventado.

Será escaso el trabajo
en tiempo no muy lejano,
muchos vivirán del ano
y habrán de usarlo a destajo.

Brinda el hombre, con champán,
por lo que logra inventar
y no se para a pensar
que le va a quitar el pan.

El Estado es quien reparte
lo que nos exprime a todos,
rebuscando en los recodos
y no siempre con buen arte.

El humano es concebido
solo para trabajar
y no le debe faltar,
después de que haya crecido.

Nuevas formas de ganar
explora el capitalismo
y hasta a niños, con sadismo,
se les pone a trabajar.

En tu vida laboral
te estrujan como a un limón
y, de viejo, la pensión
solo da para un pañal.

Los currantes, hasta el fiero,
son como vacas lecheras,
si hay ordeño, las veneras,
y si no al matadero.

Tormentos

Lucho contra mis demonios,
sin descanso, día a día,
igual que los matrimonios
contra la monotonía.

Una lucha infructuosa
que pierdo en toda ocasión,
soy como una débil rosa
enfrentándose a un ciclón.

Me atacan remordimientos
por errores cometidos,
recuerdos y pensamientos
que obnubilan mis sentidos.

Y cuando cae la noche,
los demonios de la mente,
incrementan su reproche
hincándome duro el diente.

Los fantasmas del pasado
se apoderan de mi mente
y lanzan a mi costado,
puñados de lava ardiente.

Con flamígeras espadas
hacen en mi piel bordados
y unas voces desgarradas,
me recuerdan mis pecados.

Pecados que estoy seguro
que no pude cometer,
nadie puede ser tan duro
naciendo de una mujer.

Me muestran atrocidades
que no puedo ni mirar,
que afirman que son verdades
y me vuelvo a despertar.

Sufriendo todas las noches,
desde el ocaso a la aurora,
insultos, golpes, reproches,
quemaduras, cada hora.

Letanías de pecados
me cantan diablos a coro,
muy pulcramente ordenados,
y que yo ni rememoro.

¡Mientes! Dicen mientras clavan
tridentes al rojo vivo
y con mi sangre se lavan,
sus feas patas de chivo.

Y otra vez en mis sandalias
a esperar la nueva noche,
por temor a represalias,
no emitiré ni un reproche.

El día se da a la noche
y yo vuelvo a mis tormentos,
vestido como un fantoche,
me enfrento a mis pensamientos.

El sarao se inaugura
barrenándome la frente
y un gusano me tritura
los sesos, muy lentamente.

Mientras que seres horribles,
danzando como posesos,
lanzan gritos increíbles
mientas me tronchan los huesos.

Me enroscan grandes tornillos,
al aliguí, sin pensar
y golpean con martillos
mi zona testicular.

Y así es noche tras noche
desde tiempo inveterado,
sin que un maldito reproche
de mi alma se haya escapado.

Mi vida no fue ejemplar
y acepto cualquier castigo
que me deban achacar,
si es de fiar el testigo.

Acepto cualquier condena
si es ajustada a razón
y que no engorde mi pena,
pecados de otro cabrón.

El borrico sensible

Entró un borrico en un prado,
con la intención de pastar
y al contemplar el lugar,
se quedó muy asombrado.

Una gran alfombra verde
salpicada de colores,
que en lontananza se pierde,
rezumando mil olores.

Y una blanca margarita,
la más humilde de todas,
como si estuviera ahíta,
sigue del viento las modas.

El borrico ensimismado
da rienda suelta a su instinto
y a ese cuadro da un bocado,
que hace temblar el recinto.

Alza la cabeza y mira,
con el bocado en la boca,
arrepentido, suspira
y en su sitio lo coloca.

La paleta de colores
se dibuja en su retina
y una infinidad de olores
lo incitan, pero declina.

Lo contempla embelesado.
Meneando la cabeza,
se va por donde ha llegado,
dejando en paz la belleza.

Se marcha al predio de al lado
a cumplir con su destino
y lo que Dios ha pintado,
será un recuerdo divino.

Gaviota

Gaviota, superviviente,
velero muy especial,
que siempre mira de frente
las olas y el temporal.

Vestida contra los vientos,
fríos, del norte de Europa,
con perfectos movimientos
sobre los mismos galopa.

Planta cara a la galerna
la gaviota, con bravura,
en su vieja y sempiterna
lucha, a la que nunca abjura.

Le hace frente, con valor,
y estirando más el pico,
se mete en su interior
como aguja en acerico.

Con su destreza infinita
juega con montañas de agua,
que llevan la muerte escrita
en sus encajes de enagua.

Sube, baja, hace un regate,
un quiebro y luego un desplante
y tras tan duro combate,
sale y sigue desafiante.

A veces no hay quien soporte
sus incesantes graznidos,
que ambientan la costa norte
y taladran los oídos.

Atacan por oleadas,
con picos como cuchillos,
con garras bien afiladas
y sus iris amarillos.

Gaviota, superviviente,
velero muy especial,
que siempre mira de frente
las olas y el temporal.

Oda a la vejez

¡Oh vejez! Qué gran tristeza,
que te llevas mi salud,
mi vigor, mi juventud
y marchitas mi belleza.

Tan solo tienes de bueno
el haber llegado a ti,
todo para ello te di,
lo propio y hasta lo ajeno.

Caro peaje he pagado
solo para conocerte
y aún tengo que concederte,
lo poco que me has dejado.

Me pides más cada día,
hasta más de lo que tengo,
contigo, al alba, convengo
lo que pagar debería.

Y aún así estoy luchando
para continuar sufriendo,
¿Qué me estará sucediendo?
¿Qué es lo que me está pasando?

A largo o a corto plazo,
la incógnita del futuro
que ves cual sólido muro,
se esfumará de un plumazo.

Los hados del pensamiento,
los que tu entender no alcanza,
al alba, dan esperanza
a otro nuevo lanzamiento.

Y feliz, miras al cielo
como ser afortunado,
al haber hijos logrado
y tal vez, el ser abuelo.

Te acercas, por vez primera,
a vivir la soledad,
con mayor tranquilidad,
si gozas de compañera.

Te pido guardes mi mente,
pues a falta de futuro,
vivir un pasado impuro,
hace más dulce el presente.

Si tengo mundo interior,
reviviré mis verdades,
el resto de vanidades,
llamas, que no dan calor.

Olvidemos la maldad
de aquellos tiempos pasados,
pues, con los ojos cerrados,
tan solo hay felicidad.

¡Oh muerte! Templa tu brazo
para cercenar mis planes
y que el cuello me rebanes,
de un certero güadañazo.

Locuras

Los males de nuestra época

Son falta de caridad,
escasez de compasión,
el desprecio a la verdad,
la desmedida ambición.

Esta etapa de mi vida,
mis esquemas, ha cambiado
y mi alma anda perdida
como un perro abandonado.

Mides algo que ves mal,
con tu métrica anterior
y ves todo desigual
en tamaño y en color.

A los mayores, respeto,
que no existe, yo diría,
las mujeres son objeto
y un hijo solo una cría.

Al débil, le acosa el fuerte
desde la más tierna infancia,
crecerá, si tiene suerte,
con traumas sin importancia.

La mujer abandonó
sus modales refinados
y a los hombres igualó,
hasta en gestos descarados.

Fumar, beber y eructar
ya no es propiedad del macho,
lo mismo que el mal hablar
o salir a pillar cacho.

Algo extraño está pasando,
pienso que no me confundo,
al ver a un niño pegando
a quien le trajo a este mundo.

Y si ella ocupa el espacio
donde el macho retozaba,
él se retira, despacio,
a donde ella antes estaba.

Hay machos afeminados,
normales y también bastos,
abundan los delicados
que ya han cambiado de pastos.

El entorno influye al macho,
hasta orillarle a pensar,
que si se deja penacho
es más fácil copular.

Aunque sea nuestro fin,
no es cosa nada sencilla,
el encontrar un jardín
donde plantar la semilla.

Si siembras en regadío
podrás recoger el fruto,
si lo haces en lo baldío,
solo placer disoluto.

Los frutos, traen placeres
y trabajos por igual,
son cemento que une a seres,
con pegamento vital.

Criar y educar es duro,
una prueba a la pareja,
es cómo un sólido muro
donde el amor se refleja.

Tontunas

Quizás, aunque alguien se asombre,
si me dieran a escoger,
quisiera nacer mujer
con pensamientos de hombre.

Quizás fuese demasiado,
la perfección absoluta,
la más bella y dulce fruta,
que algún ser haya probado.

Aunque una vez solo fuera,
sentir de esa sensación
de caminar por la acera,
incitando a la pasión.

Saber que estés donde estés,
en cualquier momento y hora,
un corazón te atesora,
que tú ni siente ni ves.

Seguro que el Creador
más listo que mi persona,
mis consejos, abandona,
sin el mínimo rencor.

Se ve la transformación
ir a un ritmo endemoniado
y el macho ve terminado
ser rey de la creación.

En los tiempos actuales,
hay actitudes pasadas
que deben ser olvidadas,
por viejas y atemporales.

Compite la hembra al macho,
en todo, en la vida diaria,
y él le teme a esa corsaria,
a menos que esté borracho.

Y aún así se siente mal,
presiente que habrá problemas,
pues las reinas de las cremas
son enemigo letal.

El monstruo de los celos

Alberga dentro el humano
una horrible criatura
que si ataca, aunque esté sano,
seas joven o anciano,
le arrastra hasta la locura.

Una atroz enfermedad,
de difícil curación,
que ataca con gran crueldad,
tragándose la bondad
que anida en el corazón.

Es posible que haya habido
motivos para el contagio,
pero si eso ha sucedido,
el perdón podía haber sido
el remedio a ese naufragio.

No puedes imaginar
cuan es de demoledor
y cuanto tarda en curar,
parece que va a marchar
y vuelve con más ardor.

Las noches se hacen eternas
y muy largas las jornadas,
que no acortan las tabernas,
con mordeduras internas
que más bien son dentelladas.

No te puedes suponer
que un acto, mal meditado,
haga que puedas perder
el amor de la mujer,
a la que siempre has amado.

Fallos de fabricación
trae el pecado de amor,
tan solo segundos son
y siglos para el perdón,
si el macho es el pecador.

Y no pondera la tara
que el macho trae en la mente,
pasara lo que pasara,
aunque el intento fallara,
la intención ya es suficiente.

Y esto al monstruo de los celos
lo saca de su letargo
y empezarán los desvelos,
para jóvenes o abuelos
va a ser un momento amargo.

Se le da una duración
de vida, igual que al jinete
que cabalga a ese dragón,
como abra el ojo el cabrón
ya no hay dios que lo sujete.

Todo el tiempo que has vivido
al lado de tu pareja,
lo puedes dar por perdido,
el hecho sobrevenido,
la peste negra asemeja.

Se une otro monstruo al festín
que es el de la soledad
y dirás con rintintín,
que andas con mucho trajín,
más sabes que no es verdad.

Alucinaciones

Anoche, mientras dormía,
soñé que un ángel bajaba
del cielo y me protegía,
pero no me despertaba.

Soplando sobre mi frente
aplaca mis sentimientos,
mientras libera mi mente
de los malos pensamientos.

Me hacía sentirme bien
y una gran paz me embargaba,
mientras soplaba en mi sien,
una oración musitaba.

Al cobijo de sus alas
se apacigua mi interior,
obviando las cosas malas
que me alejan del Creador.

Al alba, levanta el vuelo
y me siento abandonado,
sin la protección del cielo,
seré presa del pecado.

Y su voz empapa mi alma
como lluvia al cenagal,
como el rocío al rosal,
o el mar, a una playa en calma.

Cada vez que me visita
tanto consuelo me deja,
que pienso en que se repita,
al instante en que se aleja.

Perdona, Señor, que insista,
envíame a tú emisario,
no es que sea egoísta,
si no todo lo contrario.

La vida en pareja

Nada pudre más la mente,
llenándola de odio y pena,
que un desamor persistente
y no hay droga más potente
que la de mujer ajena.

No sabe el hombre aguardar
ni sus ansias contener
y no puede soportar,
el que no pueda comprar
el amor de una mujer.

Su imagen se graba a fuego
en retina y corazón,
sembrando el desasosiego
en su alma de mujeriego,
mientras nubla su razón.

Un lenguaje corporal,
que solo lee la mente,
convierte un aire trivial
en terrible vendaval
y al dictador en sirviente.

Tras la noche viene el día,
pero no logra borrar
su huella ni esa alegría,
por la que ya moriría
sin tan siquiera dudar.

Como un rayo de esperanza,
una mirada furtiva
a tu encuentro se abalanza
y en tu mente se afianza,
más que una idea lasciva.

Y ahí empieza el calvario,
ves como aquel serafín
te envuelve como un sudario
y tus días de corsario,
han tocado ya a su fin.

Y a lo prosaico atacar
con el valor de un cipayo,
casi al alba madrugar,
trabajar y trabajar,
día y noche sin desmayo.

Aquel serafín se ha vuelto,
hoy, un ángel vengador,
con un gesto desenvuelto,
manda con aire resuelto
cual sargento zapador.

Se echa la familia al hombro,
con todo lo que conlleva
y verás, con gran asombro,
que tu vida hará escombro
sin importarle una breva.

Un maravilloso ser,
que tiene capacidad
de hacer y de deshacer,
de arreglar y de romper
y conjugar la verdad.

Tiene un pedir que parezca
que da más de lo que tiene
y el mundo le pertenezca,
si no quiere que amanezca,
hará que algo lo frene.

Pero debo confesar,
aunque verdad todo fuera,
que se la tiene que amar
y la habría que inventar,
si la mujer no existiera.

Amor ciego

Cual rayo que abre camino
rasgando la oscuridad,
tu mirada da verdad
y certeza a mi destino.

Eres el eterno faro
que alumbra mi porvenir,
si no estás, mejor morir,
que sufrir tal desamparo.

Cuando te vas nada queda,
ni los árboles dan fruto,
solo el vacío absoluto
y un eco que me remeda.

Te veo al cerrar los ojos
y si los abro también,
eres mi vida, mi bien,
y muerte de mis enojos.

Cuando te alejas, amor,
solo dejas el abismo,
un desierto de sadismo,
un mar solo de dolor.

Aunque haya sido un farsante
no me niegues tu dulzura,
porque es corta tu estatura
mas tu sombra es gigante.

Entorno peligroso

Son la vida las mujeres
y en su entorno, la creación,
ha sembrado los deberes,
las desdichas y placeres
en la misma proporción.

Si en ese mundo penetras,
encontrarás malos frutos
en vez de nuevas recetas
y al buscar entre otras tetas,
te juegas tus atributos.

Dice no ser responsable
de las ansias del varón,
una opinión respetable,
mas juega la miserable
cual gato con el ratón.

Las cosas van mal sin ellas
y con ellas, por ahí andan,
se montan grandes querellas
si rondas a las botellas,
o no hace lo que te mandan.

Lo que te mueve a la unión,
es, sin duda, una coyunda
hecha de fornicación,
engaño de la creación
y de una crueldad rotunda.

Esa es una lucha eterna
a la que el tiempo no afecta,
ya era así en la caverna,
va con la leche materna,
por eso no se detecta.

Y dependiendo del sexo,
es distinta la afección,
si el hombre anda convexo
y ella aceptase el nexo,
ya no tendrá salvación.

El varón, sin duda alguna,
está abocado al abismo,
si busca uno en vez de una,
salvo los líos de cuna,
su problema será el mismo.

Y finalmente le queda,
si a tener sexo aspira,
a buscar a alguien que acceda,
que con caricias de seda
le haga sentir que delira.

Pero eso es muy peligroso,
tan solo cambias de ama,
que, tras un dulce reposo,
hace que te sientas brioso
y que reinas en su cama.

Y ese va a ser tu final.
Un día te va a decir
que le falló el material
y la has cagado, chaval,
porque a dos has de surtir.

Y queda el sexo barato.
El que pagas cada vez
que usas el aparato,
hoy, el pagar todo el rato,
se antoja una estupidez.

Se ve que lo del amor,
se quedó en un cuento chino
que ha perdido su fulgor,
el hombre solo es fiador
de la prole, en su camino.

¡Pobre rey de la creación!
El tiempo te dejó en nada,
ya no impones condición,
ni eres ese garañón
que guiaba a su manada.

La nueva Iglesia

Una dirigente actual
dice que cualquier infante,
por detrás o por delante,
le debe dar leña al mono.
Y no sale de su asombro
el humano que lo escucha,
que se aprestará a la lucha
con el más feroz encono.

Pero que la Madre Iglesia
ampare el sexo infantil,
me parece algo servil
y carente de sentido,
porque si ya no protegen
a las almas inocentes,
que les dirán a las gentes
que hasta hoy les han creído.

Si es obispo, quien lo dice,
ya ni la duda nos cabe
y cualquiera, ante eso, sabe
que hemos llegado al final
y que dando rienda suelta
a nuestros bajos instintos,
ya no seremos distintos
de cualquier otro animal.

Al pensar en sus palabras
mi fe comienza a flaquear
y me voy a replantear
donde poner mi diana.
Hoy, ya sin duda ninguna,
tan solo puedes pensar,
que lo que te quieren dar
está bajo su sotana.

Con errores como estos
se aleja al pueblo del templo,
pues es básico el ejemplo
para creer, sin pensar,
y si a meditar te paras
sobre los años perdidos
y sacrificios sufridos,
te entran ganas de llorar.

Parece que nuevamente
acertó el refranero,
en lo relativo al clero
o a sus predicamentos.
El haz lo que yo te digo
mas nunca lo que yo hago,
parece preludio aciago
de que importamos dos vientos.

Mujeres, difíciles de entender

Un ser único y diverso
al que teme la intemperie
y, además, trae de serie
la llave del universo.

Ser de excepcional paciencia,
igual que un ángel custodio,
que despierta amor u odio,
pero nunca indiferencia.

Un ser de especial rareza,
tan sencillo y complicado,
que es malísimo en pecado
y buenísimo en pureza.

Sus brazos son mariposas
en permanente aleteo,
que te inducen al mareo,
pintando en el aire cosas.

Con unos roces sutiles
prenden un fuego dormido,
que se encontraba escondido
entre unos viejos candiles.

Son el todo o son la nada,
su presencia, de repente,
vuelve malvada a la gente
o feliz y enamorada.

Es pragmática a morir
y nunca su tiempo pierde,
rara como un perro verde,
decide cómo vivir.

Profunda, estrafalaria,
valiente y muy luchadora,
experta depredadora
y de una intuición palmaria.

El fallo de las mujeres
es uno y localizado,
pensar que las han creado
para repartir deberes.

Entenderlas, no consiste
en que seamos como ellas,
eso es fuente de querellas
y la unión no lo resiste.

Pero tampoco contrarios,
la clave es ser normales,
no aspirar a ser iguales
sino a ser complementarios.

Su fuego intenso nos quema
no solamente por fuera,
por dentro, también lacera
de una manera blasfema.

Sentimientos

SONETO

En ocultos momentos de la historia,
como teas, se encienden corazones
y en la gran lumbre de las emociones,
todos buscan su momento de gloria.

Y esos cortos momentos especiales
nos dejan recuerdos muy cotizados
que en nuestra mente se quedan grabados,
como en los cielos las cartas astrales.

Que sepultados por lustros de viento,
con aspecto de estar adormilados,
los despierta el más leve movimiento.

Y galopan cual potros desbocados,
revolviendo los viejos sentimientos
y reviviendo asuntos ya olvidados.

Realidades

Hoy ya no soy lo que he sido,
tan solo soy un andrajo,
un árbol que se ha caído,
pues el hacha del olvido
ya empieza a hacer su trabajo.

Ya presiento esa amenaza
que a casi toda la gente,
como una sombra atenaza
y va ganando la baza
de obscurecerle la mente.

No te enteras, pero un día,
te quedas mirando a un hijo
con la mirada vacía,
lo mismo que miraría
un marciano a tu botijo.

Como el crepúsculo viene
y se extiende lentamente,
nadie la ve ni detiene,
trabaja hasta que te aliene
y te haga un ser diferente.

Los campos de tu memoria
se van volviendo cenizas,
de manera aleatoria
y esos tus días de gloria
acabarán hechos trizas.

Cada batalla es perdida
y en la guerra, resignado,
la derrota es asumida,
no hay receta conocida
para frenar el borrado.

Y la obscuridad invade
casi todo tu universo,
que de ti el cielo se apiade
y tu mente no degrade
ese silencio perverso.

Cualquier pregunta que te hagan
requiere una reflexión,
mientras tus neuronas dragan
y tus esfuerzos naufragan,
en un mar de confusión.

Y si finalmente llega
la tan ansiada respuesta,
ahí no acabará la brega,
tu mente la niebla anega
y un nuevo hachazo te asesta.

Te encuentras tan indefenso
ante tan duro adversario,
que aunque firméis un consenso,
a no cumplirlo es propenso
y te atacará a diario.

Qué pena para la ciencia,
la sapiencia almacenada
de un plumazo la silencia
y obscurece, sin clemencia,
la mente más avispada.

Y ahora me encuentro yo,
haciendo frente a una bestia
que hasta hoy nadie venció
y todo el que lo intentó
ha pecado de inmodestia.

Pero está bien comprobado,
que solo puedes ganar
las batallas que has librado
y si he de ser derrotado,
lo va a tener que sudar.

E intentaré recobrar
las pérdidas que me infringe,
con más rabia al pelear
y así ver de compensar
lo que a diario me restringe.

Seré un ciego con florete
tirando a los cuatro vientos,
mientras al cielo promete,
que como no lo respete
seguirá con los intentos.

Me mostraré agresivo
antes que mengüen mis fuerzas
y a veces un tanto altivo,
tanto más resolutivo
cuanta más presión ejerzas.

No acepto hechos consumados,
quiero acuerdos adquiridos,
en los que sean vedados,
los rincones reservados
para los seres queridos.

Borra los campos que debas
si esa fuese ley de vida,
pero no destruyas pruebas,
no entiendo por qué te cebas
en la cosa más querida.

Desde hoy, caballero andante,
seré el valiente Quijote
que haga frente a ese bergante
y ese malandrín errante
me sentirá en su cogote.

Lugares

Miami, decepcionante

Confesaré, sin pudor,
que Miami me sorprendió,
mejor me decepcionó
y lo digo sin rubor.

Mi llegada fue en la noche
y en el control policial,
el retraso ha sido tal
que bien merece un reproche.

Deberían acabar
los maltratos a las gentes,
o que pongan más agentes
o les prohíban embarcar.

El mal trago superado,
el trayecto hacia el hotel,
no me pareció tan cruel
como lo que había pasado.

Pero el sol de la mañana
me trae nuevas sorpresas,
unas malas y otras de esas
que olvidas de buena gana.

En la Collins, las paradas
del bus son una pasada,
ni marquesina ni nada
que ayude a evitar cagadas.

Puedes subir a voleo,
a menos que te lo sepas,
y al pobre chofer increpas,
tras pillarte un gran cabreo.

Lo bueno, que habla español
una inmensa mayoría
y el resto, por pasta, haría
tonterías, sin control.

Su naturaleza es bella,
diría que hasta excelente,
pero su vida y su gente,
en mi, no dejaron huella.

Mucha gente, pienso, habrá
que no concuerde con esto,
pero con ellos me apuesto
que otra mucha sí lo hará.

Es un sitio sin salero
y te atracan sin pistola,
para un café, haces cola
y también de camarero.

El zumo es artificial,
se ordeña de una botella
y la muchacha más bella,
no es cien por cien natural,

Ocean Drive sí que es total
y de belleza "cinguida"
y la Lincoln Avenida,
en su tramo peatonal.

El resto, es naturaleza
mancillada por el hombre,
que para labrarse un nombre,
pisotea su belleza.

Crisol de infinitas razas
que luchan para sacar,
la cabeza de ese mar
de sustos y de amenazas.

Todos, su cuerpo cultivan
como si más no tuvieran
y a la playa se vinieran
a mostrar de que se privan.

Túneles que bajo el mar
asustan a tiburones
y que anegan los ciclones
que los quieren arrasar.

A Burgos

Burgos, leal castellana,
siempre fiel a tu destino,
sigues marcando el camino
a los que vengan mañana.

Tierra agrietada y vetusta,
a quien riega el Arlanzón,
que es base de esta nación,
un tanto seria y adusta.

En ti, El Cid cabalgó
dándole al moro contienda,
para cumplir la encomienda,
que un día, su Rey le dio.

También encumbraste al Cid
que empujó al sarraceno,
hasta quitarle el terreno
y matar a su adalid.

En ti germinó en su día
la simiente de unidad,
cual indeleble verdad
que a toda España uniría.

Tierra de gente decente,
acostumbrada a sufrir
y que sabe sacudir
el yugo, como un valiente.

Millones de hazañas caben
en tu dilatada historia,
ocho siglos dan memoria
y tus orfebres las saben.

Eres grande y muy valiente,
una luz que ha iluminado,
primero, nuestro pasado,
y ahora, nuestro presente.

Y tu catedral consuela
al exhausto peregrino
y le señala el camino
que le lleva a Compostela.

Burgos, no soy castellano
pero admiro tus valores,
tus fríos y tus calores
y tus abrazos de hermano.

A Madrid

Madrid, hermosa ciudad,
que pasó de eso al caos,
cuna de grandes saraos,
y de juergas de verdad.

El progreso trajo coches,
que se comen bulevares,
las terrazas de los bares
y sus asombrosas noches.

Son la teta del que manda,
la ordeñan a todas horas,
con recargos, por demoras,
y multas, en plan comanda.

Parece que no bastaban
polis y guardias civiles
y de movilidad miles
crean, por si se escapaban.

Se crean nuevos agentes,
dicen de movilidad,
pero la realidad,
es que las lían potentes.

No se sabe que les pasa,
o al menos no en detalle,
pero al salir a la calle,
hasta la RENFE se atrasa.

Después vinieron las motos,
con sinuoso movimiento,
que cortan hasta el aliento,
a los más duchos pilotos.

Solo nos queda aguantar,
pues en caso de accidente,
ellos mueren de repente
y les debemos cuidar.

Son los reyes de la pista,
del coche, son el azote,
se cruzan como un coyote,
que se lanza a la autopista.

Ahora llega a la Villa
la peste negra del coche,
que los turba día y noche,
la "bici", esa maravilla.

El Ayuntamiento ataca
con mil quinientas sesenta,
que cual infección se asienta
y al conductor, le machaca.

Dificultan circular
y el tráfico despedazan,
con lentitud se desplazan
y todo eso sin pagar.

De ellas no te has de librar
y ¡ojo!, si las atropellas,
es tal el enjambre de ellas,
que no hay a donde escapar.

Habría que calcular
que tiene mayor valor,
si las horas de labor
o las ganas de agradar.

Es un hartazgo de hiel
ese que te hacen pasar,
acuden para estorbar,
como moscas a la miel.

Las ves en la posición
de dos en fondo, en Gran Vía,
y el tráfico, yo diría,
que les importa un mojón.

Si al snob se le acomoda
y el riesgo no lo valora,
goza hoy de lo que otrora
fue necesidad, no moda.

La ciudad, cuanto más grande
más inhóspita se hace,
si uno vive donde pace,
debe sufrir lo que mande.

¡México lindo!

A la memoria de mi gran amigo,
el doctor Rogelio González Martínez

¡Oh México! Hermosa tierra,
con tus nieves y desiertos,
selvas y llanos abiertos
y volcanes en la sierra.

Playas tendidas al sol
como huipiles dorados,
con mil dibujos bordados,
que lucen como el charol.

De dos océanos presa,
a cada cual más bonito,
un Pacífico infinito
y un Caribe, azul-turquesa.

Para uno y el otro ver,
casi hay que tocar las nubes,
hasta Ameca-Ameca subes
y ya te dejas caer.

Tanta belleza y color
solo puede ser debida,
a una brusca sacudida,
del brazo del Creador.

Veracruz, tú siempre nimbas
los más duros corazones,
con los sonidos dulzones,
que brotan de tus marimbas.

Si resistes sus olores
a tabaco y a vainilla,
a tu alma se atornilla,
Papantla y sus voladores.

Playa del Carmen al ver,
llena de flamencos rosa,
que al alzar vuelo rebosa
hasta a un bello amanecer.

Y dejando atrás Cancún,
te asombra Isla Mujeres
y sin que te recuperes,
ya te golpea Tulum.

La selva del Chetumal,
salpicada de cenotes,
protege, sin que lo notes,
a Chicen Itza y Uxmal.

Y ya arriba, en las alturas,
las dos Cholulas se avientan
y en "teocallis" asientan,
la fe de los nuevos curas.

Siempre bajo la mirada,
atenta, del viejo Popo,
Puebla nos manda un piropo
de mole y chile en nogada.

Antes de ir al otro lado,
el Distrito Federal,
merece un elogio igual
y no soy exagerado.

En Cuernavaca reside
el sol y la primavera
y su aire, el que lo oliera,
volver, su vivir preside.

De aquí ya bajas al cielo,
aunque parezca incongruente,
pues observas de repente,
como Acapulco, alza el vuelo.

Clavadistas buscan suerte
antes de iniciar el vuelo
y mientras rezan al cielo,
van en busca de la muerte.

Hacia el norte, lo mejor,
Ixtapa Zihuatanejo,
donde cielo y mar, parejo,
tienen el mismo color.

Manzanillo debes ver,
playas que no te imaginas
y todas de arenas finas,
como enagua de mujer.

Colman tu aspiración,
Nayarit, en Las Marietas,
ninguno de los planetas,
aguanta comparación.

Puerto Vallarta se muestra,
cual salida de un crisol,
con una puesta de sol
que hasta el alma te secuestra.

Mazatlán, con su alto faro,
desde el Cerro del Crespón,
vigila tu dirección
y te proporciona amparo.

Y las Californias, luego,
cerrando el mar de Cortés,
siendo dos, parecen tres,
pues su cielo escupe fuego.

El más ingente animal,
tras nadar miles de millas,
lleva a cabo, en tus orillas,
cada año, su gran ritual.

A Coahuila, tu ciudad,
que aún no he llegado a ver,
pero que iré a conocer
para honrar nuestra amistad.

Aunque les cueste el creerlo,
ahora, ya siendo anciano
y no siendo mexicano,
me hubiera gustado serlo.

El Arco de Cuchilleros

Contemplo gente variada
y de diferentes fueros,
que con la cara arrobada,
mira como embelesada
al Arco de Cuchilleros.

Un gentío abigarrado,
que de la Plaza Mayor
baja como obnubilado,
mira a uno y a otro lado,
con asombro, su esplendor.

Y tras tanta admiración,
comienzan los comentarios
y de fotos la sesión,
actores de una función
de recuerdos legendarios.

Es fácil de comprender
que halles en él el consuelo
y más al atardecer,
si bajas, vas al placer
y si lo subes, vas al cielo.

Medio mundo lo transita
y a sus razas y colores
los sentimientos agita
y si traen una cuita,
la cura con sus olores.

Esos recuerdos, un día,
renacerán en su mente,
ya desde la lejanía
e inundarán de alegría,
a vidas, sin aliciente.

Los recuerdos son olores,
sabores que quedan dentro,
palmas y extraños rumores,
vinos hasta los albores,
en algún mesón del centro.

Y por el mundo esparcido,
siempre arranca una sonrisa
a los que lo han conocido
y sus noches han vivido,
sin agobios y sin prisa.

El Alcázar de Segovia

En la confluencia, montado,
del Eresma y el Clamores,
el Alcázar, bien armado,
hace fuerte a sus señores.

Te fuiste adaptando al suelo,
lo mismo que el cuerpo a un traje
y altivo, yergues al cielo,
tu torre del homenaje.

Cuando naces aún España
ni siquiera era un proyecto,
te acometieron con saña,
con el odio más abyecto.

Pero supiste aguantar
muchas y duras batallas,
sin que puedan doblegar
ni tu fe, ni tus murallas.

Ni el fuego te ha doblegado,
pues aún sigues altanero,
al paisaje emparejado,
como el halcón y el cetrero.

A nobles diste cobijo,
hasta a reyes de Castilla,
más de un rival te maldijo,
enterrando su rencilla.

Alfonso X el Sabio
en ti sentó sus reales,
disipando así el resabio
de tus anteriores males.

Y Doña Isabel Primera,
"la Católica," apodada,
que contra el moro blandiera,
el catecismo y la espada.

Fue entronada entre tus muros
la reina de las Españas,
fuertes fueron sus conjuros,
que en acero volvió cañas.

En tiempos fuiste prisión,
en ti los nobles penaron
y que ni su condición,
de tus rejas, les libraron.

Y cuartel de artillería
donde se forjan cadetes,
que cambian con alegría,
por bombas a sus chupetes.

Los siglos, como un crisol,
forjan tu alma tan cercana,
que reluce como el sol
en la estepa castellana.

Orgullo sienten tus gentes
de a tu sombra haber crecido
y hayas grabado en sus mentes,
nobleza de bien nacido.

Al principio has sido mora,
después cristiana, con saña
y has guardado, en buena hora,
a la simiente de España.

Aunque tu altivez asombra,
te sientes como un enano,
que nació y creció a la sombra
del Acueducto romano.

Diste sombra y protección
al árabe y al cristiano,
al honrado y al ladrón,
fuiste un buen samaritano.

En vida tan dilatada
muchos cambios has sufrido,
historia que fue guardada
y en museo ha devenido.

Madeira: Isla maravillosa

Mi espíritu de aventura
a Madeira me llevó,
mi admiración aún perdura
de tanto como me dio.

Es su gente excepcional
y su clima una delicia
y ese Atlántico brutal,
allí se torna en caricia.

El madeirense, cercano,
su amistad en tu alma planta,
igual que acero cristiano
penetra en mora garganta.

El norte tiene bravura
que incita al desconsuelo
y cascadas de agua pura
que se descuelgan del cielo.

Chorros de agua cristalina
que brotando de la nada,
cantan, mientras se encaminan,
hacia su tumba salada.

Y al sur le diste sosiego
y una paz que inunda el alma,
que como un mágico fuego
en vez de quemar, te calma.

El mar, tu talle lo ciñe
de blanquiazules puntillas
y el cielo, de otro azul tiñe
el resto de maravillas.

Tus aguas le dan cobijo
a miles de seres vivos
y el Creador te bendijo
con dones casi abusivos.

Funchal trepa, desde el mar,
por empinadas laderas,
para poder albergar
gentes de hoy y venideras.

Porto Santo, por levante,
hace labor de vigía,
por si un beduino errante,
se acercase cualquier día.

Tienes cosas sin igual,
pero Curral das Freirias
es algo sensacional,
lo ves o lo negarías.

Viví días muy felices
viendo tus picos arpados
y tierras, que cual tapices,
cubren tus acantilados.

¡Oh Madeira! Isla encantada,
entraste en mi corazón
y en ti, no he visto nada
que no cause admiración.

Lanzarote

Blanco y negro en ti se funden
cual alma a su creador
y el sol y el mar, con su olor,
una paz total infunden.

Eres blanco, Lanzarote,
porque tus pueblos lo son
y el mar, como un cinturón,
procura que estés a flote.

Nos das paisajes rocosos,
propios de otro planeta,
playas negras y mar quieta,
pero todos muy hermosos.

Un cielo azul que se junta
con el mar en lontananza
y un sol que riega bonanza,
sin hacer ni una pregunta.

¡Pobre Francia!

¡Oh Francia! En que has acabado,
tú que fuiste abanderada
en nuestra vida pasada,
mira en lo que te has quedado.

Con fogones y mujeres
conquistaste el mundo entero,
ellas les daban salero
y los fogones, placeres.

Esa cocina famosa
que del mundo fue el asombro,
hoy bajo un montón de escombro,
con indignidad reposa.

Unos pocos santuarios
que se alzan en tu memoria,
se alimentan de la historia
y unos recuerdos falsarios.

Sin intención de agraviar,
los platos de hoy comparados
con los de tiempos pasados,
son para echarse a llorar.

Difícil comer en mesa
hoy en tus aeropuertos,
pues estos se han vuelto huertos
de la pizza y la hamburguesa.

Igual en las estaciones,
te ofrecen panes rellenos
de algo que parecen cienos
y asoman a borbotones.

Mira en lo que te volviste,
un desierto culinario,
la cuchara es relicario
y el cuchillo ya no existe.

Y esas damas elegantes,
que con empaque y belleza,
en el mundo eran rareza,
luciendo como diamantes.

Hoy, modales y torpeza
las deslucen de tal modo,
que hemos de forzar del todo
los cánones de belleza.

No se paran las labores
para mirar a ese cielo,
que desprende de su pelo
cientos de miles de olores.

Esa hembra que levantaba
las pasiones a su paso
y el no verla, era un fracaso,
y el verla, te trastornaba.

En muchas partes del globo
dejaste indeleble huella
y hoy se marchita esa estrella,
de pueblo valiente y probo.

Hubo unos tiempos pasados
que fuiste una gran nación,
Montesquieu y su división,
hoy ya han sido sepultados.

Fuiste faro en la cultura,
también en jurisprudencia,
tómatelo con paciencia
pues tu sangre ya no es pura.

El tiempo todo lo arregla,
pero los tiempos pasados,
mejor sean olvidados
y queden de referencia.

Oda a Puerto Rico

Una imaginación que vuela, hace sentir a un corazón.

Puerto Rico, Puerto Rico,
paraíso tropical,
donde del valle hasta el pico,
se extiende, cual abanico,
tu verde cañaveral.

Tierra de lindas mujeres,
de sol, de mar y arrogancia,
de libertad y deberes,
de moral y de placeres,
de escasez y de abundancia.

Cantarte yo no debía,
pues hijo tuyo no soy,
más puedo serlo algún día
y entonces ya me ahorraría,
decir lo que digo hoy.

Piensan volver algún día,
tus hijos de a muchas millas
y aunque lleven compañía,
tómalos con alegría
¡Corazón de la Antillas!

Los que están aquí en España,
piensan en ti noche y día,
tu nombre los acompaña,
pero mucho su alma daña,
no estar en tu compañía.

Para ver si los consuelo,
sin haberte conocido,
lanzo piropos al vuelo,
a ver si aplazo el anhelo
que en su pecho ha florecido.

Con esto yo nada gano,
ni la fama, ni el dinero,
es solo un recuerdo sano
que te dedica un hispano,
con un afecto sincero.

Y tal como tú querías,
en sus labios siempre están,
esas suaves melodías,
que sonaron otros días,
allá en el viejo San Juan.

Y que seguirán sonando
con ese tono dulzón,
para ir así deshojando,
un clavel que está brotando
a diario, en su corazón.

Puerto Rico, es conocerte
una ilusión que en mí vive,
no sé si podré quererte,
mas no moriré sin verte,
¡Linda perla del Caribe!

España, entre el calor y los incendios

Soneto

España, que tendida al sol se tuesta
cual lagarto en las dunas del desierto,
se halla supeditada a un fuego cierto,
del que recuperarse un siglo cuesta.

El cambio climático se presenta
como un acto de fe que hay que creer
y no como un enemigo a temer,
que por los cuatro lados nos calienta.

Si siguiese este proceso cambiante,
no habrá gentes tendidas en las playas
porque no habrá quien tal calor aguante.

Y si en las elevadas cumbres te hallas,
puede que el calor sea sofocante
y te lo encuentres, vayas donde vayas.

A la isla de Malta

Soneto

El pequeño archipiélago de Malta
ha sido propiedad de medio mundo,
no los nombraré por si me confundo
y algún vetusto espíritu me asalta.

Si paras en cualquier rincón y escuchas,
oirás el relinchar de los caballos
de unos guerreros a prueba de fallos,
perfeccionados en cientos de luchas.

Les recordaré que ha pertenecido,
también a nuestro reino de Aragón,
pero los maños jamás lo han querido.

El rey Carlos lo da por un halcón,
que nunca fue pagado ni exigido,
ni se sabe de otra compensación.

Índice

LOAS

LOCURAS

LUGARES

Esta obra
se acabó de imprimir
con los auspicios de
Charo Fierro y
Antonio J. Huerga, editores

FINIS CORONAT OPUS